画说塞罕坝

高俊虎
撰文／摄影

中国摄影出版传媒有限责任公司
China Photographic Publishing & Media Co., Ltd.
中国摄影出版社

图书在版编目（CIP）数据

画说塞罕坝 / 高俊虎著. -- 北京：中国摄影出版传媒有限责任公司, 2024.1

ISBN 978-7-5179-1376-4

Ⅰ. ①画… Ⅱ. ①高… Ⅲ. ①国营林场－林业史－河北－摄影集 Ⅳ. ①F326.272.2-64

中国国家版本馆 CIP 数据核字 (2024) 第 016213 号

画说塞罕坝

作　　者：高俊虎
责任编辑：刘　婷
策划编辑：李丽丽
设　　计：于　磊
出　　版：中国摄影出版传媒有限责任公司
　　　　　地址：北京东城区东四十二条 48 号
　　　　　邮编：100007
　　　　　发行部：010-65136125 65280977
　　　　　网址：www.cpph.com
　　　　　邮箱：distribution@cpph.com
印　　刷：北京雅昌艺术印刷有限公司
开　　本：889mm × 1194mm　1/16
印　　张：10.5
版　　次：2024 年 1 月第 1 版
印　　次：2024 年 1 月第 1 次印刷
印　　数：1-1000 册
ISBN 978-7-5179-1376-4
定　　价：498.00 元

序

一片林海，一首长歌

读《画说塞罕坝》画册有感

我的家乡沽源就在金莲川上，与御道口、塞罕坝、乌兰布统等连在一起，地处燕山山脉北麓与内蒙古高原的南端接壤处。这里的四季景色之美难以言传，40 几年来，一直是摄影人出获奖大片的地方，而我最终从事了摄影艺术的职业，可能也与家乡的自然美有关。但迄今为止，我都没有集中精力去拍摄家乡，或许因为太熟悉，或许因为觉得随时可以拍，总之七拖八延拍摄家乡付出不够，片子很难形成专题。

相比之下，我的同学高俊虎在承德工作三四十年了，不管工作多忙，只要有空就跑坝上，去拍塞罕坝，拍摄出相当数量的大片和佳作，成为这个方面有代表性的摄影家。在第十三届中国艺术节全国优秀摄影作品展选片过程中，关于体现“塞罕坝精神”的作品，我们始终找不到满意的。无奈之下，我想起在高俊虎的画册里似乎见过这样一副作品：清晨阳光下，茫茫绿色林海，镜头聚焦在林海中心那座最有历史意义的望海楼。要来原片一看，大家都觉得很满意，最后评委会在评选中就选用了这幅作品。在我看来，这幅作品与其他作品的不同之处，在于其说明性和诗性俱佳，既能说明塞罕坝的历史遗迹，又能呈现当下地林海浩瀚之美。

这本《画说塞罕坝》有一个特点，前面用文字和黑白老照片来述说历史，体现当时来自全国各地的大学毕业生们聚集在塞罕坝战天斗地的精神；后面再以彩色摄影、航拍等方式创作的作品，呈现如今塞罕坝的四季之美。看这本画册，能够全面、系统了解塞罕坝发展、变化的过程；从影像作品中，可以直观了解其地理地貌的特征、林海建设和管理现状，认识当地各种植物、动物，还可以从中感悟四季气候变化，体验坝上春之蓬勃、夏之葳蕤、秋之绚烂、冬之洁净，其中不少作品有强烈的带入感，仿若使观者置身于茫茫林海之中，逡巡四顾；或直面观察大鸨、蓑羽鹤、黑琴鸡、鳳头鹏鹈等这些野生鸟类；或随着无人机的飞行，“背负青天朝下看”，都是波涛般的绿色或金色……

关于塞罕坝精神，关丁绿水青山就是金山银山的埋论，现在了解和理解的人已经很多了。但仍然有很多人没有去过塞罕坝，没有亲见，就不会深悟。我以为，这本画册，是给没有去过塞罕坝的人提供的最好的精神食粮，因为它做到了文图并茂、黑白老照片与当下的彩色照片相结合，全面、系统地呈现了一个完整的塞罕坝，文字提领思想，影像承载历史，瞬间感动世界！

我希望更多的人见到这本书，同时希望见到这本书的人能好好看看塞罕坝！

中国艺术摄影学会主席

李树峰

2023 年 11 月

引言

塞罕坝意为美丽的高岭，是蒙古语和汉语的混合用语，位于河北省承德市围场满族蒙古族自治县最北部，处于内蒙古高原与冀北山地过渡地带，是典型的地理环境过渡区。历史上，这里水草丰美、森林茂密、鸟兽繁多。

辽金时期，塞罕坝被称为“千里松林”。1681 年，清朝康熙皇帝以塞罕坝为中心设立了木兰围场。康熙、乾隆、嘉庆、咸丰等皇帝北巡 125 次，在此举办木兰秋狝大典 92 次。木兰围场的建立，不仅为训练八旗军队骑射提供了场地，也是巩固北疆促进民族融合的重要举措。

清朝末年，清政府为了补充财力，弥补国库亏空，对木兰围场开围放垦，树木被大肆砍伐，再加上日寇掠夺、山火不断，塞罕坝的生态环境惨遭破坏。到新中国成立前夕，千里松林的塞罕坝变成了“黄沙遮天日，飞鸟无栖树”的荒漠。

新中国成立后，党和国家高度重视国土绿化工作，塞罕坝成为国家造林育林、风沙治理的重点区域。1962 年，林业部在科学考察的基础上，决定将原由河北省和承德行署管理的大唤起、阴河、塞罕坝三个林场合并成立林业部直属的塞罕坝机械林场。

塞罕坝机械林场成立后，来自林业部的干部；围场县的林业和区委、公社行政干部、运输个人和从庙宫水库派调的工人；东北林学院、白城子机械化林业学校、承德农校等全国 18 个省、市的 127 名农林专业的大中专毕业生，组成了一支 369 人且

平均年龄不到 24 岁的创业队伍。他们听从党的召唤，响应国家号召，满怀青春激情，相继来到塞罕坝，拉开了艰苦创业的序幕。

刚刚建场的塞罕坝，条件极为艰苦，塞罕坝建设者牢记使命艰苦创业，他们“一日三餐有味无味无所谓，爬冰卧雪苦乎累乎不在乎”；“渴饮河沟水，饥食黑莜面，白天忙作业，夜宿草窝间”；坚持“先治坡、后置窝，先生产、后生活”。没地方住就住库房、园仓、马棚，再不够就搭窝棚、盖干打垒、挖地窨子。他们与风沙严寒、自然灾害作战，种下绿色；与寂寞抗争，守护绿色，谱写了一部艰苦奋斗史诗。

三代塞罕坝林场的建设者用半个多世纪的时间，把“黄沙遮天日，飞鸟无栖树”的荒漠变成了拥有 115 万亩森林的世界上面积最大人工林场，铸就了“牢记使命、艰苦创业、绿色发展”的塞罕坝精神。塞罕坝机械林场建设史是一部可歌可泣的艰苦奋斗史，塞罕坝精神是中国共产党人精神谱系的组成部分。

如今的塞罕坝已成为花的世界、林的海洋、水的源头、云的故乡、鸟的天堂，成为我国推进生态文明建设 的生动范例和世界生态文明典型。

本书从牢记使命、艰苦创业、绿色发展三个方面，采用图文并茂的形式，展现了塞罕坝生态兴则文明兴、生态衰则文明衰的发展历程，再现了塞罕坝推动绿色发展，促进人与自然和谐共生，绿水青山变成金山银山的风貌。

花的世界

林的海洋

水的源头

云的故乡

鸟的天堂

望海

目 录

牢记使命

1964 年，国家计委委员会批复了塞罕坝林场的 4 项建设任务：一是建成华北大面积用材林基地，生产中、小径级用材；二是改变当地自然面貌，保持水土，为改变京津地带风沙危害创造条件；三是研究积累高寒地区大面积造林和育林经验；四是研究积累大型国营机械化林场经营管理的经验。这四项任务就是党交给塞罕坝建设者的使命。

塞罕坝林场建设者不忘初心，牢记使命，甘于奉献，艰苦创业。林场首任党委书记王尚海、场长刘文仕放弃城市优越的生活，带头把媳妇孩子带到塞罕坝。副场长张启恩是原林业部工程师，妻子是中国林科院助理研究员，为了建设塞罕坝，他说服妻子放弃北京优越的工作生活条件，带着 3 个孩子举家来到塞罕坝，住进了狭小的窝棚。

他们，渴饮河沟水，饥食黑莜面，白天忙作业，夜宿草窝间，雨雪来查铺，鸟兽绕我眠，用共产党员的钢铁意志，与风沙严寒作斗争，在荒漠上种绿、在山脊望海楼里守护着绿！

经过三代建设者半个多世纪的接续奋斗，终于把“飞鸟无栖树，黄沙遮天日”的荒漠，变成了世界最大面积的人工林海。

1681 年，清朝康熙皇帝以塞罕坝为中心建立木兰围场，康熙、乾隆、嘉庆皇帝共在木兰围场举行“木兰秋狝”大典 92 次，在提高军队战斗力、增进民族团结、打击民族分裂分子、维护边疆稳定方面起到了重要的作用。

清同治二年（1864 年）农历二月，热河都统瑞麟上奏提出开垦围场，以济兵饷不足。三月初四“奉谕允准”，木兰围场开禁。到了光绪年间，开垦范围扩大。光绪三十一年（1905 年），清朝举办各种新政需要钱款，练兵处奏请开办围场屯垦事宜，并建议将围场地方事务改规直隶专辖。8 月 19 日批准，并派袁世凯督办。袁世凯接旨后，立即委派已革广西太平思顺道何昭然前往设“屯垦木植局”并总理其事。由津海关库所存之铁路余款拨银 15 万两，作为开办费。至此，皇家猎场全部放垦。再加上战争引起的连年不断的山火和日益增多的农牧活动，使这里的树木被采伐殆尽，大片森林荡然无存。

到了新中国成立前夕，辽金时代的“千里松林”变成了“黄沙遮天日，飞鸟无栖树”的荒漠，浑善达克沙漠已南侵到这里，严重威胁到首都生态安全。

经过科学考察发现造林活样本

六十多年过去这个活样本依然健在

1951 年，河北省人民政府在围场县宝元栈建立了阴河林场。1956 年，河北省人民政府在大唤起的 40 号建立了大唤起林场。1957 年 11 月 29 日，河北省人民政府批准承德行署在围场塞罕坝建立了围场县国营塞罕坝机械林场。

由于塞罕坝在三北防护林中的地理位置，1960 年、1961 年时任林业部部长助理荀昌武、国营林场管理局副局长刘琨等专家先后到承德塞罕坝地区进行实地踏察，在塞罕坝东部的红松洼发现了一棵 20 多米高、树龄至少上百年且生长旺盛的天然落叶松；在点将台石崖底下考察发现了落叶松的残根。刘琨动情地说："今天有一棵松，明天就会有亿万棵松。" 这个发现为塞罕坝种植落叶松提供了活样本，也坚定了国家在塞罕坝选址建立大型机械林场的决心。

中华人民共和国林业部

(64)林計营字第33号

转发国家計委关于塞罕坝机械林场设計任务书的批复

塞罕坝机械林场：

你场設計任务书业經国家計委审核批复，现轉发給你們，希切实遵照執行。

附件：如文

1964年3月30日

抄送：財政部，华北局計委，河北省計委、林业局，承德专署計委、林业局，建設銀行承德专署支行

本部国营林业管理总局(2)、物资局、財务司、計划司存一份

（打印13份）

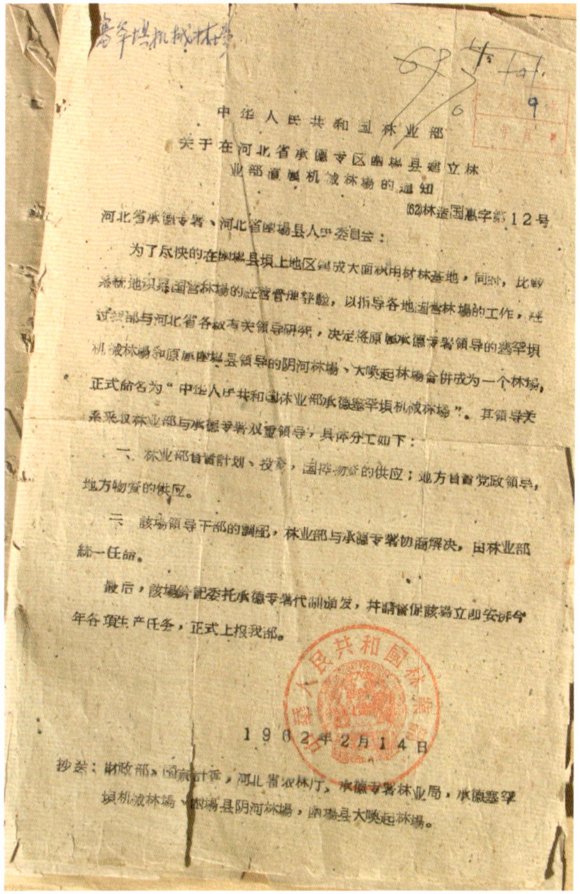

中华人民共和国林业部

关于在河北省承德专区围場县建立林业部直属机械林場的通知

(62)林造国惠字第12号

河北省承德专署、河北省围場县人民委員会：

为了尽快的在围場县坝上地区建成大面积用材林基地，同时，比較系統地取得国营林場的經营管理經驗，以指导各地国营林場的工作，經过我部与河北省各級有关領导研究，决定将原属承德专署領导的塞罕坝机械林場和原属围場县領导的阴河林場、大唤起林場合併成为一个林場，正式命名为“中华人民共和国林业部承德塞罕坝机械林場”。其領导关系采取林业部与承德专署双重領导，具体分工如下：

一、林业部負責計划、投資，国拨物資的供应；地方負責党政領导，地方物資的供应。

二、該場領导干部的調配，林业部与承德专署协商解决，由林业部統一任命。

最后，該場的印記委托承德专署代制頒发，并請督促該場立即安排今年各項生产任务，正式上报我部。

1962年2月14日

抄送：財政部，国家計委，河北省农林厅，承德专署林业局，承德塞罕坝机械林場、围場县阴河林場，围場县大唤起林場。

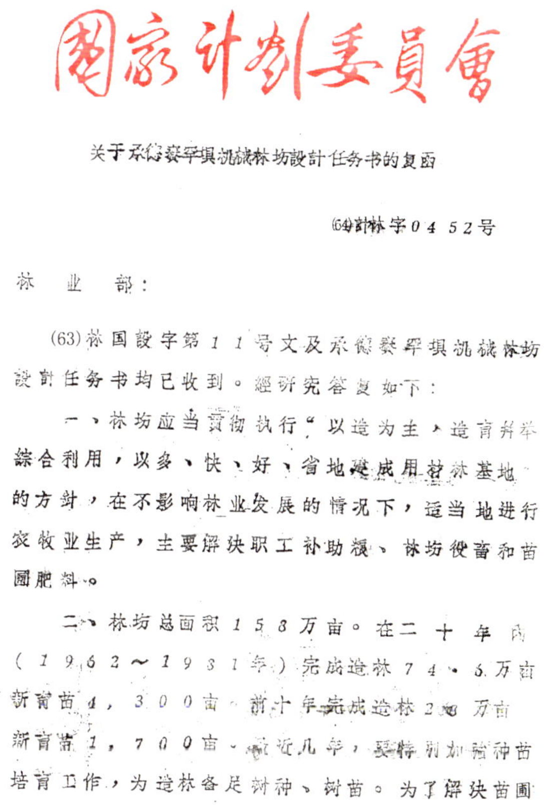

国家計划委員會

关于承德塞罕坝机械林场設計任务书的复函

(64)計林字0452号

林业部：

(63)林国設字第11号文及承德塞罕坝机械林场設計任务书均已收到。經研究答复如下：

一、林场应当貫彻执行“以造为主，造育并举，綜合利用，以多、快、好、省地建成用材林基地的方針，在不影响林业发展的情况下，适当地进行农牧业生产，主要解决职工补助粮、林场役畜和苗圃肥料。

二、林场总面积158万亩。在二十年内（1962～1981年）完成造林74.6万亩，新育苗4,300亩。前十年完成造林2[illegible]万亩，新育苗1,700亩。最近几年，要特别加强种苗培育工作，为造林备足树种、树苗。为了解决苗圃

1962年2月，林业部将大唤起、阴河和塞罕坝机械林场合并，正式成立“中华人民共和国林业部承德塞罕坝机械林场”。1964年国家计划委员会批复投资2084万元，并给承德塞罕坝机械林场下达了用20年时间完成造林74.6万亩、育苗面积4300亩的任务。（塞罕坝机械林场建立有关批复）

林场成立后，来自林业部的干部；围场县的林业和区委、公社行政干部、运输个人和从庙宫水库派调的工人及全国 18 个省、区、市的 127 名农林专业的大中专毕业生，组成了平均年龄不到 24 岁的 369 人创业队伍。他们听从党的召唤，响应国家号召，满怀青春激情，相继来到塞罕坝，拉开了艰苦创业的序幕。

1964 年，正在承德市二中读高中的陈彦娴和甄瑞林、王晚霞、史德荣、李如意、王桂珍 6 姐妹，向“上山下乡”的知识青年典型邢燕子和侯隽学习，响应党的号召放弃考大学的机会，怀着远大的理想，来到条件艰苦的塞罕坝，把美好的青春和年华献给了祖国的林业事业、献给了塞罕坝。

塞罕坝林场建设者研究整地育苗。

塞罕坝林场建设者不忘初心、牢记使命，认真规划、设计塞罕坝的未来。

由于缺乏在高寒地区造林的经验，1962 年、1963 年塞罕坝机械林场连续两年造林成活率不到 8%。年轻炽热的心被冰雪风沙吹凉，理想和现实的巨大反差使军心开始动摇，有人说“塞罕坝不适合造林，偏要蛮干。”也有人垂头丧气地说：“我要打报告，调出塞罕坝，降一级使用也行。”甚至还有人这样写道：“天低云淡，坝上塞罕，一夜风雪满山川；两年栽树全枯死，壮志未酬，不如下坝换新天。”塞罕坝林场建设者面临艰难的抉择。

在关键时刻，林场党委书记王尚海、场长刘文仕带领班子成员认真研究技术路径，找到栽树失败的原因。林场党委决定，1964 年春天，在四面环山的马蹄坑组织造林大会战。会战出征前，在塞罕坝总场院子里召开了誓师大会，党委书记王尚海要求全体职工，“要学习大庆精神，学习铁人王进喜。这一仗只能打赢，不能失败，否则，我们无法向部里交代，更无法向国家交代！”总场和千层板分厂的干部、工人、家属参加了大会战，大干 3 天，吃住在山上，机械化造林 516 亩，当年成活率达到 90% 以上。

马蹄坑大会战的成功，开创了塞罕坝机械造林的成功先河，也为国内高寒地区使用机械栽植针叶林积累了经验。因此，马蹄坑也被称为塞罕坝的“绿之源”。它见证着塞罕坝从荒漠到绿色屏障的生态修复奇迹，忠实记录了“牢记使命、艰苦创业、绿色发展”的塞罕坝精神。

为了纪念这次大会战的成功，1989 年林场首任党委书记王尚海去世后，林场遵照他的遗愿，将他的骨灰埋在了马蹄坑，因此，这片林子称为“尚海纪念林”。2022 年 8 月 23 日，在塞罕坝机械林场建场 60 周年之际，“全国林业英雄林”在此落成。

从 1965 年开始，塞罕坝机械林场开始大面积造林，当时围场县的 16 个公社、40 个生产大队、227 个生产小队的 2213 名男女青壮社员，像奔赴战场一样，挺进塞罕坝投入造林事业中。当年总计有近 3000 人在塞罕坝的百里荒原上，摆开了人工造林的战场，多时每天造林超过 2000 亩，最多时一年造林达到 8 万亩。到 20 世纪 80 年代初，塞罕坝就超额完成国家下达了的造林任务。

艰苦创业

20世纪60年代的塞罕坝，自然环境十分恶劣，“一年一场风年首到年终”，白毛风一刮，黄沙遮天日。冬天最低气温能超过－40°C，大雪封山，寸步难行。

林场的生活条件极为艰苦，没有温暖的宿舍，他们住马棚、窝棚、地窨子，特别是到每年春秋植树作业时，在他们作业区住的都是窝棚和地窨子，潮湿寒冷。他们“一日三餐有味无味无所谓，爬冰卧雪苦乎累乎不在乎”，用共产党员的钢铁意志，与风沙严寒作斗争，在荒漠上种绿，在山脊望海楼里守护着绿！

艰苦创业

艰苦创业——建厂初期的职工宿舍

艰苦创业——建厂初期的职工宿舍

艰苦创业——建厂初期的职工宿舍

攻坚造林

守护绿色

完成造林任务后，塞罕坝建设者最大的任务是守护绿色，防止森林火灾发生。在森林防火护林科技水平还比较低的情况下，只能靠人防。为了防火在塞罕坝山脊上建设了 9 座望火楼，随着塞罕坝森林的生长，从望火楼眺望，整个塞罕坝就是一片绿海，所以望火楼改为望海楼。其中的 8 座是夫妻共同坚守的，人们也把这些望火楼叫做夫妻望海楼，共有 20 多对夫妻守过望海楼。有的夫妻在望海楼工作十七八年，最长的在望海楼里工作 30 多年。他们从每年的 9 月 15 日进入防火期，到来年 6 月 15 日防火期结束，一直守在望海楼里。他们的任务监察火情，每隔 1 个小时、关键期每 15 分钟就要观察火情，向指挥部报告。

寂寞是他们需要克服的最大困难。夫妻进入望海楼后，就到了另外一个与世隔绝的世界。塞罕坝 10月初就开始下雪，不久就大雪封山，他们就被封在山上。望海楼建设初期，用太阳能发电，因为山上常常多雾或刮白毛风，怕太阳能蓄电不足，晚上不敢多点灯，怕误了用电话，只能点马灯和煤油灯。冬天下午 5 点天就黑了，室内漆黑一片。没有电视看，陪伴两口子的只有外面的皑皑积雪，呼啸的白毛风和手中的望远镜。

吃水困难是夫妻面临的难题。在山尖上打井很困难，林场为他们修建水窖，冬天水窖常常被冻死，他们不得不到几公里以外去背水吃，背一趟水要两个多小时。大雪封山下不了山，他们只能化雪为水。将取回的大块的冰雪放在锅里化成水，撇出水上浮着的落叶松针等杂物后静置着，再轻轻地把上层水瓢出锅放进盆里，再静置，如此这般倒四、五次后的水才可以用来做饭，雪化成水后一股子的松树毛子味，很难喝。当冬天雪少时，为了节约用水，一盆洗脸水要反复用上一周，衣服脏了不能及时洗，吃的菜只能洗一遍。

守护者上望海楼就准备一冬的生活用品，吃的主要是土豆、酸菜、菜干，吃不到新鲜蔬菜。

此外，在塞罕坝机械林场的各个路口还设了 14 个固定防火检查站、16 个临时森林防火检查站。他们的任务是进入防火期后，不分昼夜，对进入塞罕坝的所有人员和车辆进行防火检查，将火种全部留下，进行防火宣传教育。

正是由于这些人的守护，塞罕坝建场至今已经 60 多年，没有发生过一次森林火灾。

塞罕坝望海楼分布图

守护绿色

大唤起分场大梨树沟望海楼，位于大梨树沟东山，始建于 1976 年，1990 年改建。

大唤起分场天桥梁望海楼，始建于 2002 年，2010 年进行了重新改造。

第三乡分场莫里莫望海楼，始建于 1976 年，1984 年、2023 年两次翻新重建。

第三乡分场塞罕塔望海楼，1992 年开始建设，2003 年翻新重建。

阴河分场亮兵台望海楼，始建于 1976 年，2002 年进行改建，2013 年进行重建。

千层板分场月亮山望海楼，始建于 2004 年，2016 年改建。

千层板分场暖泉子望海楼，始建于 1990 年，2014 年改建，2023 年重建。

北曼甸分场小光顶山望海楼，始建于 1984 年，2015 年进行改建，2023 年正在重建。

三道河口分场蔡木山望海楼，始建于 1976 年，1991 年改建，2016 年新建。

大唤起分场防火检查站

绿色发展

三代塞罕坝林场建设者经过半个多世纪的艰苦奋斗、甘于奉献，终于把“黄沙遮天日，飞鸟无栖树”的塞罕坝建成京津冀牢固的生态屏障，成为“华北的绿肺”，创造了荒原变林海的人间奇迹。建设者们用实际行动诠释了绿水青山就是金山银山的理念，铸就了“牢记使命、艰苦创业、绿色发展”的塞罕坝精神，成为推进生态文明建设的一个生动范例，成为世界生态文明建设史上是一个典型。先后荣获联合国环保最高奖项“地球卫士奖”、联合国防治荒漠化领域最高荣誉“土地生命奖”。

如今的塞罕坝，无霜期由建场初期的 52 天增加到 64 天，年均大风日数由建场初期的 83 天减少到 53 天，年均降水量由建场初期的 410 毫米增加到 479 毫米。塞罕坝每年为滦河、辽河下游地区涵养水源、净化水质达 2.84 亿立方米，每年可固定二氧化碳 86.03 万吨，可抵消 863 辆家用燃油轿车一年的二氧化碳排放量。释放氧气 59.84 万吨，可供近 219 万人呼吸一年。塞罕坝的空气负离子含量是大中城市平均含量的 6 倍，最高达每立方厘米 8.5 万个。生物多样性得到恢复，栖息着陆生野生脊椎动物 261 种、鱼类 32 种、昆虫 660 种、植物 625 种。其中，国家重点保护动物有 47 种，国家重点保护植物有 9 种。

塞罕坝机械林场的森林面积 115 万亩，林木总蓄积 1036 万立方米，森林资产总价值 231.2 亿元，林木价值 40 多亿元，林木每年生长 80 万立方米，增值 3 亿元，年产出物质产品价值 3.59 亿元，生态服务总价值 155.9 亿元。通过推广育苗技术发展种苗产业、木材运输等解决了所在地围场县大批农民就业和土特产品销售。塞罕坝的独特生态旅游成为新的经济增长点，有力地促进了围场县如期脱贫实现小康。2021 年 2 月 25 日，塞罕坝机械林场被党中央国务院授予“全国脱贫攻坚楷模”。塞罕坝机械林场的造林和营林碳汇产业项目，已经获得国家发改委备案，按照 30 年计入期 (2005 年 -2035 年), 完成备案 474.85 万吨。

滦河源头

雨后清晨的塞罕坝，是负氧离子最高时段

晨霞中的塞罕坝

雨后清晨的塞罕坝

在塞罕坝育婴的蓑羽鹤

迁徙的大鸨

发扬塞罕坝
Carry forward the spirit of saihanba
精神
牢记使命
艰苦创业
绿色发展

“地球卫士奖”奖杯

茫茫林海树下，是许多山珍的宝地

围场满族蒙古族自治县农村新貌

塞罕坝机械林场的清洁能源

塞罕坝之春

春天的塞罕坝是充满激情的。随着冰消雪融，万物萌发，迁徙的大鸨、蓑羽鹤等驻足塞罕坝，草地上的黑琴鸡不停的嬉戏打闹，湖中的凤头鹈开始育婴。蒲公英先开始装点塞罕坝，“五一”前后坝缘地带的映山红开始绽放，宁静的塞罕坝开始了新的生机。

绽放的蒲公英

黑琴鸡

黑琴鸡

凤头䴙䴘

育婴中的蓑羽鹤

大鸨

柳兰花

金莲花

花海

山林间的峡山红

林间晨雾

旷野

花的世界

通幽处

林中绽放

群芳斗艳

塞罕坝之夏

夏天的塞罕坝是浪漫的。林海碧波荡漾，蓝天白云下，金莲花、柳兰、苜蓿、山刺玫、野罂粟等竞相吐艳。雨后的清晨，林海茫茫，薄雾蒙蒙，恰似仙境。

望海楼

白桦林中盛开的柳兰

云雾绕山间

云霞

在画中

林间

七星湖之晨

塞罕彩虹

秘境七星湖

林海中的望海楼

林海

盛夏的塞罕坝

湖畔

绿树从中

湖心岛

夏日

绿色发展之路

霞光湖色

水之源

晨光

林海花海

晨曦中的望海楼

霞光万丈

塞罕坝之秋

秋天的塞罕坝是醉美的。塞罕坝9月初开始下霜，树的颜色开始变化，放眼望去满是暖黄、赤红、墨绿、深茶……，层林尽染，美不胜收。

秋

秋染塞罕坝

多彩的土地

飞渡

云雾绕林间

秋雾

初雪

坎缘深秋

秋之晨雾

层林尽染

林间麋鹿

秋赋

金山之路

秋

湖光秋色

尽染

厂部一角

多彩金秋

秋高气爽

秋牧

姹紫嫣红

秋染白桦林

塞罕坝之冬

冬天的塞罕坝是神话的。整个塞罕坝被厚厚积雪覆盖，雪映青松，银装素裹；树挂间常有云雾相伴，美轮美奂，像极了童话世界里的雪国。

点将台

冬林

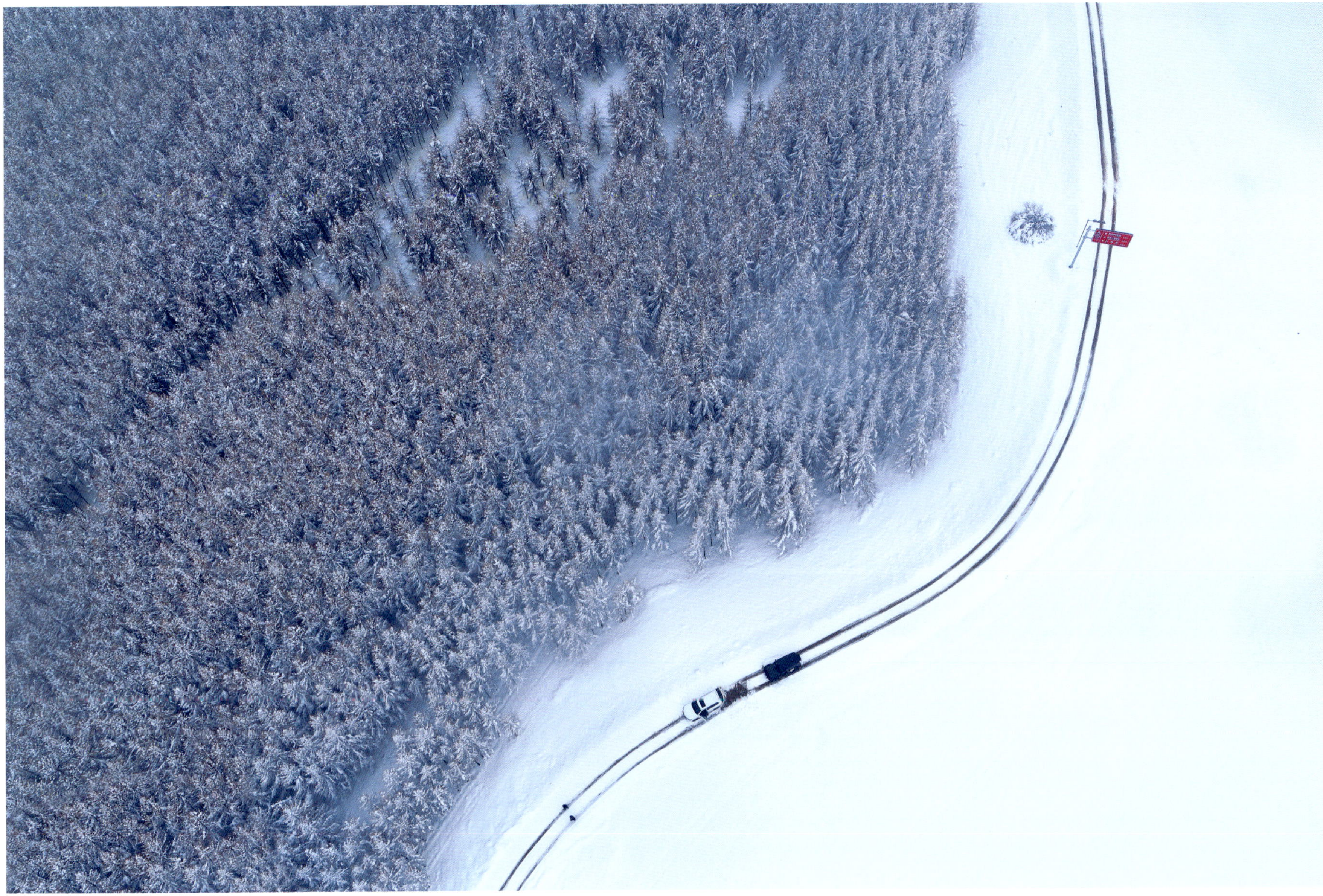

冬日秘径

冬雾过山林

塞罕拉之路

冬日暖阳

晨光熹微

光影白桦林

童话世界

日珥

飞雪

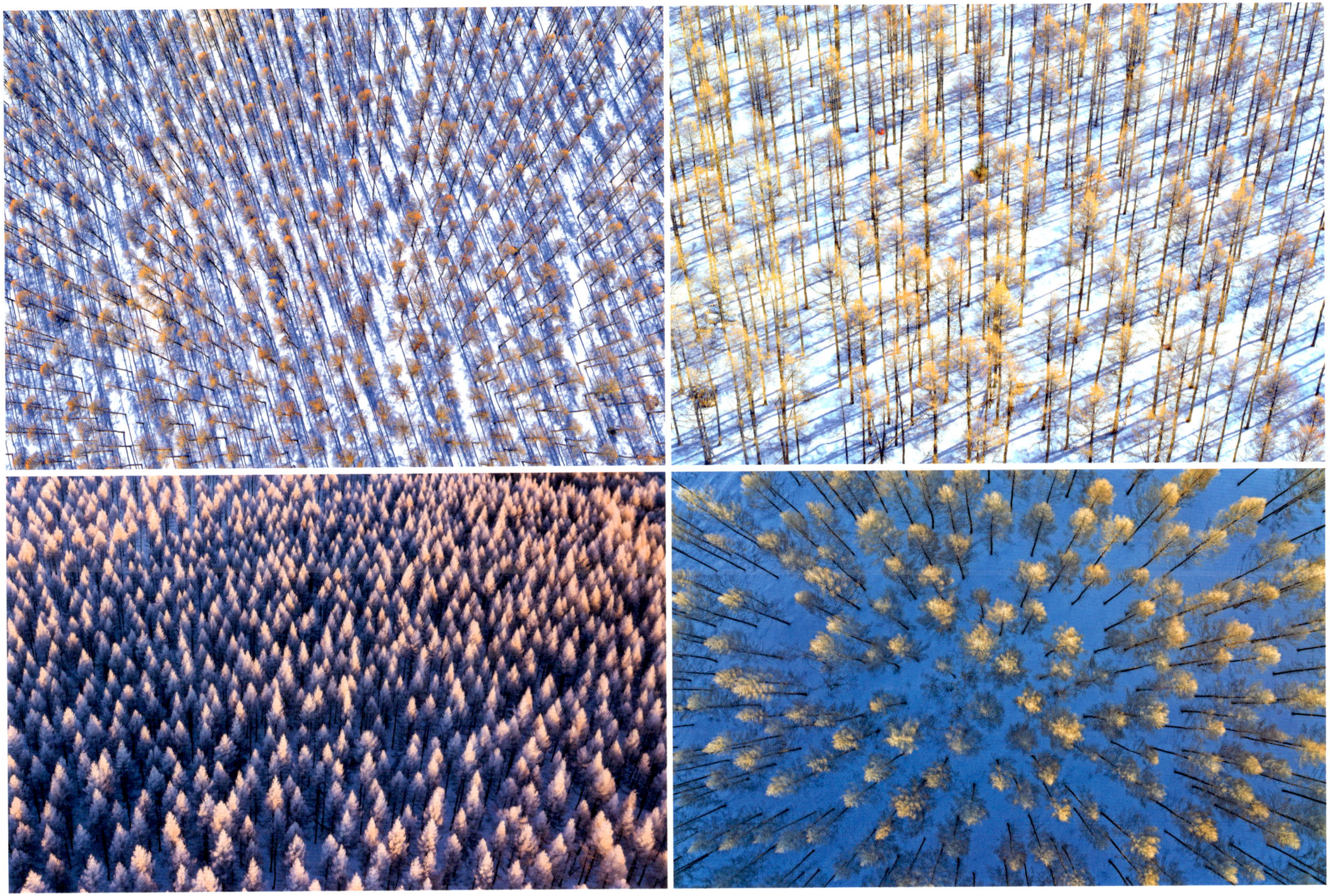

林间光影

银装

塞罕塔

银装素裹塞罕坝

后记

画说塞罕坝

我第一次走进塞罕坝是在 1986 年 7 月初，在那进行地理野外实习。初夏的塞罕坝，蓝天白云，林海碧绿如洗，林下红的、黄的、粉的各种野花竞相吐艳，塞罕坝的美深深地吸引了我。从那时起，我的镜头一直聚焦塞罕坝，30 多年的拍摄，积累了大量反映塞罕坝生态美的影像作品。2019 年 9 月，我受厦门漳州国家级经济开发区管委会之邀，在漳州光影艺术馆举办了“奇韵塞罕坝”个人摄影展。截至目前，出版了河北省旅游产业发展大会指定宣传画册《木兰围场》等 3 部作品集。

拍摄塞罕坝，使我有更多的机会深入塞罕坝机械林场的望海楼、检查站、营林区，和更多的塞罕坝建设者接触，加深了对塞罕坝这部可歌可泣艰苦奋斗史的了解。始终牢记习近平总书记嘱托，把研究、弘扬塞罕坝精神作为己任，完成了省社科哲学基金项目“塞罕坝精神融入高校思想政治课实践教学模式研究”和教育部高校思想政治工作队伍培训研修中心（河北师范大学）2020 年度重点课题“塞罕坝精神与高校思想政治研究”，主编出版了《情系塞罕坝》一书。专题调研“牢记总书记嘱托弘扬塞罕坝精神全力构建大思政课铸魂育人新格局”获中国政研会 2021 年度优秀研究成果三等奖、河北省政研会基层思政优秀案例二等奖。《塞罕坝精神融入大学生思想政治教育构建大思政铸魂育人新格局》获第二十届河北省高校思想政治工作创新案例一等奖。我也成为国家民委人文社科重点研究基地“塞罕坝高校思政研究基地”、河北省社科重点平台“塞罕坝生态文明研究基地”和河北省教育工委“习近平总书记在河北重大实践和视察河北重要论述研修基地负责人。由我策划并担纲编剧的歌舞剧《情系塞罕坝》获第十四届河北省精神文明建设“五个一工程”优秀作品奖；2023 年教育部高校思想政治工作质量提升综合改革与精品建设“高校原创文化精品”项目；2022 河北省文旅厅舞台艺术精品工程项目。

先后在中国艺术研究院思政大讲堂、厦门漳州国家级经济技术开发区、河北省法院大讲堂新疆维吾尔族自治区克尔克孜州尤勒其中学等单位为 5000 多名学员讲解塞罕坝精神。

我在中共承德市委宣传部、塞罕坝机械林场的支持下，特别是在中国艺术摄影学会主席、中国摄影家协会副主席、中国艺术研究院常务副院长李树峰和著名导演郭靖宇指导下，把塞罕坝机械林场的部分历史图片资料和近几年我拍摄的反映塞罕坝生态美的作品呈现给广大读者，希望大家在看到塞罕坝生态美的同时，大力弘扬塞罕坝精神，在推动绿色发展、促进人与自然和谐共生的征程上建功立业！

二〇二三年十月

家乡美的推介者——虎哥

2010年的初冬，初见高俊虎，那时我是个小导演，而他是承德政府常务副秘书长，却不摆官架子，为了见我一面，却一直等到夜里11点。地方是我选的，小胡同里的户外羊肉串摊，啤酒凉得难以入喉，伴着初冬的冷风，我们一聊就是几个小时，见时我称他“领导”，散时便叫“虎哥”了。虎哥此行并非公务，只因看到我在影视界的成绩，建议我回承德拍戏。家乡在虎哥口中，让我觉得更亲切，更有文化底蕴，也更让人思念了。我被他的真诚感染，在他的鼓励和协助下拍摄了与家乡有关的第一部剧——《打狗棍》，后来又有了《最美的青春》、《最美的乡村》。可以说虎哥是我和承德题材影视作品的牵线人、总联络官。

虎哥的家乡在金山岭脚下的一条小山沟里。北方的山沟大多相似，道路崎岖，植被简单，夏有溪流冬积雪，不过如此。但就是这么一条山沟，在虎哥的描述中，却有世间最美的风景：遥望长城之雄伟，近品山楂之酸甜，三妹磨的豆腐四妹打的酱，都是人间美味。虎哥常约摄影界的朋友去拍那条山沟，在哪个位置能拍出什么样的景色，甚至哪棵树上哪天花开得最艳，他都一清二楚。

虎哥爱摄影，更爱家乡，专注拍摄承德风光，避暑山庄、外八庙、塞罕坝的林海、丰宁的草原、宽城的水库、滦平的长城……春夏秋冬，日出日落，甚至是流过承德夜空的星汉灿烂，都被他用镜头记录了下来。为了拍一张好照片，他经常凌晨四点就出发，－30°C的风雪中也常见他举着相机的身影。塞罕坝每年的第一场雪，御道口绽放的第一朵金莲花，他都抓到了；夕阳将普陀宗乘之庙染成金黄色的瞬间，潘家口水库中长城留下最清晰倒影的一刻，他都等到了；骏马奔驰鼻中呼出的热气，白鹭交颈示爱的依偎，蓑羽鹤舐犊情深的投喂，他都捕捉到了。

虎哥可能不是最有天赋的摄影师，但他一定是最勤奋的摄影家，之所以可称“家”，是因为他的作品已经成了承德的一张新名片，向全国，乃至全世界推介着家乡的美。今天他的《画说塞罕坝》使我们在美的感受中感悟塞罕坝精神。此功，伟哉！

为爱好付出努力，并取得成就的人，是最幸福的。祝虎哥永远沉浸在幸福中，继续用相机记录家乡的美与腾飞！

郭靖宇 黎卯诉

2023年10月

作者简介

高俊虎，男，1963 年 11 月出生，中国摄影家协会会员、教授。

从 1984 年上大学开始喜欢摄影至今，拍摄了大量反映承德风光的摄影作品，先后出版了《画说御道口》、《画说金山岭长城》、《画说承德》、《金山岭长城》、《画说木兰围场》、《木兰围场》等作品集，其中，《木兰围场》是河北省旅发大会指定画册，《画说承德》被承德档案馆永久收藏，还出版了《情系塞罕坝》一书。

作品先后在美国、日本、韩国和台湾省展出。2017 年在北京国家奥体公园、2019 年在厦门漳州国家级经济技术开发区举办“神韵塞罕坝”个人摄影展。多幅作品先后在《大众摄影》、《中国摄影家》、《河北日报》等报刊发表并在全国比赛中获奖、入选。作品“爱的呢喃”、“牙牙学语”获 2021 年教育部全国大学生艺术展演活动高校校长书画摄影作品“校长风采奖”；同时获河北省教育厅全省大学生艺术展演活动高校校长书画摄影作品“校长风采奖”。并受教育部委托，厦门中华儿女美术馆收藏；作品《塞罕坝·瞭望林海》入选文化部“第十三届中国艺术节优秀摄影作品展”。

在 2022 年 -2023 年，河北电视台举办的“非凡见证 . 美丽河北”视频征集活动暨“美丽河北见证官”选拔大赛中，拍摄的视频“太阳湖秋韵”荣获第一名，被河北电视台授予“美丽河北见证官”称号。